BEI GRIN MACHT SICH IHR WISSEN BEZAHLT

AF168038

- Wir veröffentlichen Ihre Hausarbeit,
  Bachelor- und Masterarbeit

- Ihr eigenes eBook und Buch -
  weltweit in allen wichtigen Shops

- Verdienen Sie an jedem Verkauf

Jetzt bei www.GRIN.com hochladen und kostenlos publizieren

Bibliografische Information der Deutschen Nationalbibliothek:

Die Deutsche Bibliothek verzeichnet diese Publikation in der Deutschen National-
bibliografie; detaillierte bibliografische Daten sind im Internet über http://dnb.d-
nb.de/ abrufbar.

Impressum:

Copyright © 2018 GRIN Verlag
Druck und Bindung: Books on Demand GmbH, Norderstedt Germany
ISBN: 9783346215444

Dieses Buch bei GRIN:

https://www.grin.com/document/888907

Anonym

Trainingslehre. Erstellung eines Plans für eine 22-jährige Probandin

GRIN Verlag

GRIN - Your knowledge has value

Der GRIN Verlag publiziert seit 1998 wissenschaftliche Arbeiten von Studenten, Hochschullehrern und anderen Akademikern als eBook und gedrucktes Buch. Die Verlagswebsite www.grin.com ist die ideale Plattform zur Veröffentlichung von Hausarbeiten, Abschlussarbeiten, wissenschaftlichen Aufsätzen, Dissertationen und Fachbüchern.

Besuchen Sie uns im Internet:

http://www.grin.com/

http://www.facebook.com/grincom

http://www.twitter.com/grin_com

Deutsche Hochschule für
Prävention und Gesundheitsmanagement
Hermann Neuberger Sportschule 3
66123 Saarbrücken

Einsendeaufgabe

Fachmodul: Trainingslehre II

Studiengang: Fitnessökonomie

Inhaltsverzeichnis

1 Diagnose

1.1 Allgemeine und biometrische Daten

Nach einem ausführlichen Gespräch mit der Kundin wurden folgende Informationen zu den biometrischen Daten der Person gesammelt:

Tab. 1: Allgemeine Daten zur Kundin

Allgemeine Daten	Werte
Alter	22 Jahre
Geschlecht	Weiblich
Körpergröße	180cm
Körpergewicht	80kg
Trainingsmotive	Stressabbau im Alltag, Abnehmen, Anstrengungen im Alltag besser standhalten (z.b. der tägliche Weg zur Arbeit mit dem Rad)
Berufliche Tätigkeit	Studentin
Aktuelle sportliche Aktivitäten	Kraftsport (4x pro Woche seit 3 Jahren), joggen (2x pro Woche), täglich 30-40 Minuten Radfahren zur Arbeit
Frühere sportliche Aktivitäten	Kung Fu (1x pro Woche), Schwimmen (1x pro Woche), Kraftsport mit dem eigenen Körpergewicht (4x pro Woche), joggen (5x pro Woche)
Zeitlicher Verfügungsrahmen	3x 60 Minuten pro Woche

Tab. 2: Biometrische Daten zur Kundin

Diagnosedaten	Norm	Bewertung
Blutdruck: 123/81 mmHg	<130/<85 mmHg laut WHO	Normal
Ruhepuls: 62 Schläge/ Minute	60-80 Schläge/Minute (Weineck, 2003, S. 50)	Normal
Orthopädische Probleme: Leichte Skoliose		Rückenschmerzen sind darauf zurückzuführen
Schmerzen am Bewegungsapparat: Knie tun nach langem Joggen weh		Auf der Borg-Skala von 1-10 eine 4
BMI: 24,7 (TANITA Waage)	18,5-25,0	Erhöhter Normalbereich (nach DGE, Ernährungsbericht 1992)
Körperfettmasse: 30% (TANITA Waage)	21-33 %	Im oberen Normalbereich
Medikamente: Keine		

1.2 Leistungsdiagnostik/ Ausdauertestung

1.2.1 Begründung des gewählten Ergometertests

Um das Leistungsniveau der Person einzuschätzen und einen passen Trainingsplan zu erstellen, ist es notwendig diese durch einen Test einstufen zu können. Da die Testperson jung und trainiert ist und des Weiteren keine gesundheitlichen Einschränkungen hat, wird ihr zugetraut mindestens mit 150 Watt belastet werden zu können. Dementsprechend ist der Hollmann-Venrath-Test (im Folgenden abgekürzt mit H&V) eine geeignete Möglichkeit dies herauszufinden. Die höhere Stufensteigerung im Gegensatz zum WHO-Test ist für die schon trainierte Person bestens geeignet. Der Fahrradergometertest ist aufgrund der geringen koordinativen Anforderungen für fast jede Leistungsgruppe geeignet.

1.2.2 Durchführung des Ergometertests und tabellarische Darstellung

Die Eingangsbelastung bei dem H&V Test liegt bei 30 Watt und wird alle 3 Minuten um 40 Watt gesteigert um die Steady-State-Bedingungen zu schaffen, heißt den Stoffwechsel in einem ausgeglichenen Status zu behalten. Die Trittfrequenz liegt bei ca 60-80 U/min (Eifler & Kettenis, 2017, S. 74). Der Test wird beendet wenn die Zielherzfrequenz überschritten wird. Ist eine Stufe noch nicht komplett durchfahren, wird die zuletzt gefahrene Wattleistung ins Protokoll einbezogen und mit den Normwerten (IPN, 2004, S.8) abgeglichen. Bevor der Test beginnt, muss der Trainer die Testperson bezüglich der Belastbarkeit voreinstufen, heißt die Zielherzfrequenz herausfinden. Die Parameter sind das Alter und der Ruhepuls. Diese Werte sind Tabelle 1 und 2 zu entnehmen. Daraus ergibt sich der Wert 145 S/min zuzüglich 10 S/min durch das Ausdauertraining von wöchentlich 2 bis 4 Stunden. Daraus ergibt sich die Zielherzfrequenz von 155 S/min (Trunz, 2001; IPN, 2004, S.4).

Bevor der Test beginnt wird das Fahrradergometer fachkundig auf die Testperson eingestellt. Die Ergebnisse der Durchführung werden im Folgenden tabellarisch dargestellt:

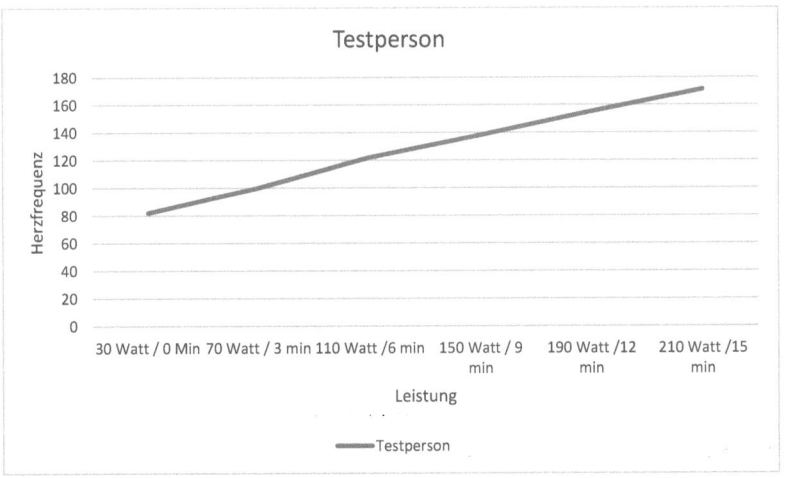

Abb. 1: Hollmann & Venrath Testprotokoll Probandin

1.2.3 Bewertung der Testergebnisse

Die Testperson hat die Zielherzfrequenz bei der sechsten Stufe überschritten und zuletzt eine Wattleistung von 190 geschafft. In der 15. Minute hat sie einen Puls von mehr als 155 S/min erreicht und der Test wurde somit beendet. Die relative Watt-Soll-Leistung liegt somit bei 190Watt/ 81 kg Körpergewicht, also bei 2,38. Damit liegt die Testperson laut Normbewertung im leicht überdurchschnittlichen Bereich (IPN, 2004, S.8).

Durch das Ergebnis des Tests kann der Intensitätsfaktor der Person von 0,64 festgesetzt werden, welcher zur Berechnung der Trainingsherzfrequenz (THf) dient.

Die Variablen zur Berechnung dieser werden im Folgenden für die Testperson aufgelistet:

Hf_{max} = 220 (Laufband)/200 (Rad, Rudergerät) - LA = 220-22 = 198 S/min (ACSM, 1998b, S. 975; Kindermann, 1987a, S. 244-268; Rost & Appell, 2001, S. 405; Schwarz, Schwarz, Urhausen & Kindermann, 2002, S. 293).

Hf_{Ruhe} = 62 S/min

$Hf_{Reserve}$ = Hf_{max} – Hf_{Ruhe} = 198 S/min – 62 S/min = 136 S/min (ACSM, 2006a, S. 341)

Belastungsintensität = X% von $Hf_{Reserve}$

Diese wird mit Hilfe der KARVONEN-Formel berechnet, welche lautet:

THf = (Hf_{max} - Hf_{Ruhe}) x Intensität in % + Hf_{Ruhe} (ACSM, 2006a, S. 341)

5

Tab. 3: Normtabelle für submaximale Radergometertests – Relative Watt-Soll-Leistung (Watt pro kg) bei Frauen (modifiziert nach IPN, 2004, S. 8)

Intensität	<30	30-34	35-39	40-44	45-49	50-54	55-59	>60	Bewertung
0,50	1,15	1,09	1,04	0,98	0,92	0,86	0,81	0,75	☹☹
0,51	1,2	1,14	1,08	1,02	0,96	0,9	0,84	0,78	☹☹
0,52	1,25	1,19	1,13	1,06	1,00	0,94	0,88	0,81	☹☹
0,53	1,3	1,24	1,17	1,11	1,04	0,98	0,91	0,85	☹☹
0,54	1,35	1,28	1,22	1,15	1,08	1,01	0,95	0,88	☹☹
0,55	1,4	1,33	1,26	1,19	1,12	1,05	0,98	0,91	☹
0,56	1,45	1,38	1,31	1,23	1,16	1,09	1,02	0,94	☹
0,57	1,5	1,43	1,35	1,28	1,20	1,13	1,05	0,98	☹
0,58	1,55	1,47	1,4	1,32	1,24	1,16	1,09	1,01	☹
0,59	1,6	1,52	1,44	1,36	1,28	1,20	1,12	1,04	☹
0,60	1,7	1,62	1,53	1,45	1,36	1,28	1,19	1,11	Ø
0,61	1,8	1,71	1,62	1,53	1,44	1,35	1,26	1,17	Ø
0,62	2,0	1,9	1,8	1,7	1,6	1,5	1,4	1,3	Ø
0,63	2,1	2,0	1,89	1,79	1,68	1,58	1,47	1,37	☺
0,64	2,3	2,19	2,07	1,96	1,84	1,73	1,61	1,5	☺
0,65	2,4	2,28	2,16	2,04	1,92	1,80	1,68	1,56	☺
0,66	2,6	2,47	2,34	2,21	2,08	1,95	1,82	1,69	☺☺
0,67	2,8	2,66	2,52	2,38	2,24	2,1	1,96	1,82	☺☺
0,68	3,0	2.85	2.7	2.55	2.4	2.25	2.1	1.95	☺☺
0,69	3,2	3,04	2,88	2,72	2,56	2,4	2,24	2,08	☺☺
0,70	3,4	3,23	3,06	2,89	2,72	2,55	2,38	2,21	☺☺

Intensität = Faktor zur Berechnung der empfohlenen Trainingsherzfrequenzen

$THf = (220-22 - 62) \times 0,64\% + 62 = 149,04 \text{ S/min}$

Durch diese Formel ist es möglich die Belastung spezifisch auf den Trainingszustand der Probandin festzulegen.

1.3 Bewertung des Gesundheits- und Leistungszustandes hinsichtlich auf Belastbarkeit und Trainierbarkeit

Anhand der Testergebnisse ist es nun möglich die Belastbarkeit und Trainierbarkeit der Person einzuschätzen.

Mit einem Alter von 22 Jahren ist die Frau in einem leistungsstarken Alter, in dem Entwicklungen hinsichtlich der Trainierbarkeit noch gut möglich sind. In Anbetracht der biometrischen Daten und der sportlichen Laufbahn kann, bis auf einer kleinen Einschränkung durch die Knie, nichts Beschränkendes bezüglich der Belastbarkeit beim Ausdauertraining bestgestellt werden. Dadurch sollte lediglich keine Allzu große Laust auf die Kniegelenke erfolgen. Durch das regelmäßige Radfahren bestehen bereits Vorkenntnisse im Bereich Ausdauertraining. Der BMI liegt im erhöhten Normalbereich, die Fettmasse ist mit 30% auch leicht erhöht. Bei diesen Werten bestehen vorerst keine gesundheitlichen Risiken, jedoch besteht hier Bedarf zur Besserung. Der Ruhepuls liegt auch im Normalbereich, sogar im unteren, was auf einen guten Trainingszustand der Peron hinweist. Zur Ökonomisierung des Her-Kreislauf-Systems ist es gut diesen noch auf etwa 50-60 S/min zu senken. Der Blutdruck befindet sich ebenfalls im Normalbereich und ist zufriedenstellend. Der orthopädische Befund von Skoliose sowie die bei hohen langanhaltenden Belastungen auftretenden Schmerzen im Kniegelenk werden durch das Krafttraining weitestgehend ausgeglichen. Die Person sollte jedoch kein intensives Lauftraining auf dem Laufband betreiben um die Gelenke etwas zu schonen. Nun kann mithilfe der Leistungsdiagnostik eine Prognose und die Zielsetzung festgelegt werden.

2 Zielsetzung/ Prognose

Aufgrund der Diagnosedaten können nun die Trainingsziele bestimmt werden, um den bestmöglichen Erfolg für das Training erzielen zu können, da die Trainingsplanung auf diesen basiert. Im Folgenden werden die drei Ziele der Testperson genauer definiert.

Tab. 4: Ziele

Ziel/ Inhalt	Ausmaß	Zeit	Messmethode	Aktueller Stand
Körperfettre-duktion	1,5 kg	In sechs Wochen	Tanita-Waage	22kg Fettmasse
Ruhepulssen-kung	3 S/min	In sechs Wochen	Blutdruckmess-gerät	62 S/min
Stressreduktion	Um 2 Stufen auf der Skala reduzie-ren	In sechs Wochen	Borg Skala von 1-10	Stufe 7

Bei der Setzung der Ziele wurden die Wünsche der Kundin berücksichtigt.

Durch den leicht erhöhten Körperfettanteil, der bei der Kundin festgestellt wurde und ihrem Wunsch ihr Aussehen mit dem Ausdauertraining zu verbessern, kann das Ziel „Körperfettanteil senken" festgehalten werden. Dies wird zu einem dadurch erreicht, indem beim Training möglichst viele Kalorien verbrannt werden. Dies ist jedoch nicht der einzige Einflussfaktor. Wichtig ist, dass die Gesamtenergiebilanz negativ ist, was ebenfalls von der Ernährung beeinflusst wird. Diese sollte dementsprechend neben dem Ausdauertraining auch geplant werden (Eifler & Kettenis, 2017, S. 227).

Den Ruhepuls zu senken ist ein weiteres Ziel der Kundin. Dieser zeigt wie leistungsfähig die Person im Alltag ist. Es ist möglich die alltägliche Belastung zu reduzieren, in dem der Ruhepuls gesenkt wird (Eifler & Kettenis, 2016, S. 13). Die Senkung eines halben Schlages pro Woche ist hier ein realistisches Ziel (Eifler & Kettenis, 2016, S. 13). Dementsprechend ergibt sich die Senkung in 6 Wochen um 3 Schläge.

Die Stressreduktion ist nicht genau messbar, lediglich durch subjektives Empfinden, weswegen dieses Ziel mit Hilfe der Borg-Skala gemessen wird. Um der Kundin das stressige Studium zu erleichtern und ihr Motivation und Spaß daran zurückzugeben, soll das Stresslevel um 2 gesenkt werden.

3 Trainingsplanung Mesozyklus

Für ein effektives und effizientes Training ist ein Trainingsplan nicht wegzudenken. Dieser wird zuerst in einen Makrozyklus eingeteilt, der über mehrere Monate verläuft. Die nächste Stufe zur genaueren Beschreibung ist der Mesozyklus mit der Dauer von drei bis sechs Wochen und anschließend der Mikrozyklus der die Trainingseinheiten einer Woche genau beschreibt.

3.1 Grobplanung Mesozyklus

Die Grobplanung des Mesozyklus ist in der folgenden Tabelle dargestellt:

Tab. 5: Grobplanung des Mesozyklus

Dauer	6 Wochen
Trainingsziel	Weiterentwicklung GA 1, Entwicklung GA 2, Stressabbau, Reduktion Körperfettanteil, Ruhepulssenkung
Belastungsumfang/ Woche	155-200 Minuten
Trainingsmethoden	- extensive Dauermethode - variable Dauermethode - intensive Dauermethode - extensive Intervallmethode
Trainingsintensität	- 45-65% HfReserve (regenerativ) - 50-65% HfReserve (extensiv) - 45-75% HfReserve (variabel) - 65-80% HfReserve (intensiv)
Trainingshäufigkeit/ Woche	4 Mal
Dauer pro TE	- 70-80 min (regenerativ) - 60-80 min (extensiv) - 40-60 min (variabel) - 20-40 min (intensiv)
Trainingsgeräte	Laufband, Rad, Rudergerät

3.2 Detailplanung Mesozyklus

Die folgende Tabelle zeigt die Detailplanung des Mesozyklus der Probandin:

Tab. 6: Detailplanung Mesozyklus

Woche 1	Montag	Mittwoch	Freitag	Sonntag
Trainingsziel	GA 2; Ökonomisierung Herz-Kreislauf-System (HKS), Körperfettanteil senken	GA 1; Ruhepuls senken, Immunsystem stärken, Regeneration steigern (Kapillarisierung)	GA 1; Körperfettanteil senken, Stress reduzieren, Ökonomisierung HKS	REKOM; Regeneration steigern (Kapillarisierung), Stress reduzieren, Fettstoffwechsel verbessern, Ruhepuls senken
Tr.-Methode	IDM	EDM	VDM	EDM
Tr.-Intensität HfReserve	65-75%	55-65%	Extensiv:45-50%, 5 min Intensiv: 60-70%, 1 min	45-55%
THf nach KARVONEN	137-149 S/min	137-149 S/min	Extensiv: 114-120 S/min Intensiv: 131-143 S/min	130-143 S/min
Tr.-Dauer	20 min	50 min	40 min	45 min
Gerät	Rad	Rudergerät	Rad	Laufband
Woche 2	Montag	Mittwoch	Freitag	Sonntag
Trainingsziel	GA 1/2; Körperfettanteil senken, Stress reduzieren, Ökonomisierung HKS	GA 1; Ruhepuls senken, Immunsystem stärken, Regeneration steigern (Kapillarisierung)	GA 2; Ökonomisierung Herz-Kreislauf-System (HKS), Körperfettanteil senken	REKOM; Regeneration steigern (Kapillarisierung), Stress reduzieren, Fettstoffwechsel verbessern, Ruhepuls senken
Tr.-Methode	VDM	EDM	IDM	EDM
Tr.-Intensität HfReserve	Intensiv: 60-70% 1,5 min Extensiv: 45-50%, 5 min	55-65%	65-75%	45-55%
THf nach KARVONEN	Extensiv: 114-120 S/min	125-137 S/min	137-149 S/min	123-136 S/min

10

	Intensiv: 131-143 S/min			
Tr.-Dauer	45 min	65 min	25 min	65 min
Gerät	Rad	Rudergerät	Rad	Laufband

Woche 3	**Montag**	**Mittwoch**	**Freitag**	**Sonntag**
Trainingsziel	GA 1/2; Ökonomisierung Herz-Kreislauf-System (HKS), Körperfettanteil senken	GA 1; Ruhepuls senken, Immunsystem stärken, Regeneration steigern (Kapillarisierung)	REKOM; Regeneration steigern (Kapillarisierung), Stress reduzieren, Fettstoffwechsel verbessern, Ruhepuls senken	GA 1 Ruhepuls senken, Immunsystem stärken, Regeneration steigern (Kapillarisierung)
Tr.-Methode	IDM	EDM	EDM	EDM
Tr.-Intensität HfReserve	65-75%	55-65%	45-55%	55-65%
THf nach KARVONEN	137-149 S/min	125-137 S/min	123-136 S/min	125-137 S/min
Tr.-Dauer	20 min	60 min	45 min	50 min
Gerät	Rad	Rudergerät	Laufband	Rad

Woche 4	**Montag**	**Mittwoch**	**Freitag**	**Sonntag**
Trainingsziel	REKOM; Regeneration steigern (Kapillarisierung), Stress reduzieren, Fettstoffwechsel verbessern, Ruhepuls senken	GA 2; Ökonomisierung Herz-Kreislauf-System (HKS), Körperfettanteil senken	GA 1; Ruhepuls senken, Immunsystem stärken, Regeneration steigern (Kapillarisierung)	GA 2; Körperfettanteil senken, Stress reduzieren, Ökonomisierung HKS
Tr.-Methode	EDM	IDM	EDM	VDM
Tr.-Intensität HfReserve	50-60%	70-80%	55-65%	Intensiv: 65-75%, 2 min Extensiv: 50-55%, 4 min
THf nach KARVONEN	130-143 S/min	143-154 S/min	125-137 S/min	Extensiv: 120-125 S/min Intensiv: 137-149 S/min
Tr.-Dauer	60 min	20 min	75 min	35 min
Gerät	Laufband	Rad	Rudergerät	Rad
Woche 5	**Montag**	**Mittwoch**	**Freitag**	**Sonntag**

11

Trainingsziel	REKOM; Regeneration steigern (Kapillarisierung), Stress reduzieren, Fettstoffwechsel verbessern, Ruhepuls senken	GA 2; Körperfettanteil senken, Stress reduzieren, Ökonomisierung HKS	GA 1; Ruhepuls senken, Immunsystem stärken, Regeneration steigern (Kapillarisierung)	GA 2; Ökonomisierung Herz-Kreislauf-System (HKS), Körperfettanteil senken
Tr.-Methode	EDM	VDM	EDM	IDM
Tr.-Intensität HfReserve	50-60%	Intensiv: 65-75%, 2 min Extensiv: 50-55%, 4 min	60-65%	70-80%
THf nach KARVONEN	130-143 S/min	Extensiv: 120-125 S/min Intensiv: 137-149 S/min	131-137 S/min	143-154 S/min
Tr.-Dauer	45 min	45 min	75 min	25 min
Gerät	Laufband	Rad	Rudergerät	Rad
Woche 6	**Montag**	**Mittwoch**	**Freitag**	**Sonntag**
Trainingsziel	REKOM; Regeneration steigern (Kapillarisierung), Stress reduzieren, Fettstoffwechsel verbessern, Ruhepuls senken	GA 2; Ökonomisierung Herz-Kreislauf-System (HKS), Körperfettanteil senken	GA 1; Ruhepuls senken, Immunsystem stärken, Regeneration steigern (Kapillarisierung)	GA 2; Körperfettanteil senken, Stress reduzieren, Ökonomisierung HKS
Tr.-Methode	EDM	IDM	EDM	VDM
Tr.-Intensität HfReserve	55-65%	70-80%	60-65%	Intensiv: 70-80%, 1 min Extensiv: 50-55%, 3 min
THf nach KARVONEN	136-143 S/min	143-154 S/min	131-137 S/min	Extensiv: 120-125 S/min Intensiv: 143- 154 S/min
Tr.-Dauer	45 min	40 min	80 min	30 min
Gerät	Laufband	Rudergerät	Rad	Rudergerät

3.3 Begründung Mesozyklus

3.3.1 Begründung zum angestrebten wöchentlichen Belastungsumfang

Alle sechs Wochen des Mesozyklus bestehen aus 4 Trainingseinheiten; jeweils Montags, Mittwochs, Freitags und Sonntags. Die Häufigkeit der Trainings ist so gewählt, da die Probandin bereits viel Ausdauer in der Vergangenheit trainiert hat und es momentan auch betreibt. Dass der Plan zu einem Übertraining führt ist also, trotz des relativ hohen Umfangs, unwahrscheinlich

3.3.2 Begründung zu den ausgewählten Trainingsmethoden

Die ausgewählte Trainingsmethode ist zu einem die Extensive Dauermethode (EDM), welche zuständig ist für den Aufbau der Grundlagenausdauer, die bei der Sportlerin zwar schon vorhanden ist, jedoch auch die Regeneration vom intensiven Teil des Ausdauer- und Krafttrainings sowie um Stress zu reduzieren, weil sich das Training im aeroben Bereich befindet. Da die Testperson beim Studium momentan viel Stress hat ist auch die Stärkung des Immunsystems ein Nutzen, welches bei dieser Trainingsmethode geschieht. Des Weiteren beginnt die Senkung des Ruhepulses. (Eifler & Kettenis, 2017, S. 171 f).

Die Intensive Dauermethode (IDM) wurde ebenfalls in den Trainingsplan aufgenommen, um sich langsam an die anaerobe Schwelle heranzutasten und den Körper an etwas höhere Belastungen zu gewöhnen. Dies geschieht durch die steigende Widerstandsfähigkeit gegen Laktat und somit das Anheben der anaeroben Schwelle. Dies ist auch beim Krafttraining während eines Trainingssatzes äußerst hilfreich, da die Anzahl der Wiederholungen erhöht werden kann. Die Trainingsziele der Körperfettreduktion und die Ökonomisierung des HKS und somit Ruhepulssenkung bzw. die Erhöhung des VO_{2max} werden hierdurch vertreten (Eifler & Kettenis, 2017, S. 173 f).

Weiterhin wurde die Variable Dauermethode (VDM) verwendet. Dies ist eine Variation aus der EDM und IDM; heißt, es wird sowohl im aeroben als auch im anaeroben Bereich trainiert. Der systematische Wechsel zwischen hohen und niedrigen Intensitäten ist hilfreich, um die Probandin im nächsten Mesozyklus auf das Intervalltraining vorzubereiten. Durch Teils niedrige Intensitäten, kann auch hier das Stresslevel gesenkt werden. Durch die höheren Belastungen dazwischen wird auch hier das HKS angeregt, wodurch die Testperson ihrem Trainingsziel der Ruhepulssenkung ebenfalls näherkommt. Zudem hilft diese Methode den Körperfettanteil zu senken (Eifler & Kettenis, 2017, S. 175 f).

3.3.3 Begründung zur Belastungsprogression

Auch wenn die Trainingseinheiten pro Woche gleich bleiben ist dennoch eine deutliche Belastungsprogression in dem Mesozyklus zu erkennen. In den ersten zwei Wochen steigt der Belastungsumfang kontinuierlich von 170 min auf 225 min an. In dieser Zeit liegt der Fokus darauf die GA1 weiterzuentwickeln. Nebenbei beginnt langsam die Einführung in GA2. In der dritten Woche sinkt die Belastungsintensität deutlich. Dies dient dazu den GA zu stabilisieren (Eifler & Kettenis, 2017, S. 212). Von der vierten bis einschließlich sechsten Woche, wurde zunächst der Umfang auf zu Beginn 190 min wieder reduziert, die Intensität jedoch gesteigert. Bis hin zur sechsten Woche steigen sowohl Intensität als auch Umfang wieder an, um den erforderlichen Trainingsreiz zu erzielen, der dazu benötigt wird die Anpassungen hervorzurufen, um die GA2 zu entwickeln.

Gemäß der Belastungssteigerung Häufigkeit vor Dauer vor Intensität, hat sich zuerst die Belastungsdauer jeder Trainingseinheit erhöht und anschließend die Intensität um eine stetige Belastungsprogression zu gewährleisten.

3.3.4 Begründung zu den angesteuerten Trainingsbereichen

Der Regenerations- und Kompensationsbereich (REKOM) findet im aeroben Bereich statt. Durch die geringe Belastung wird nur sehr wenig Laktat produziert; weniger als 2 mmol/l (Hottenrott, 2006; Zintl & Eisenhut, 2001). Das Training fürder in einem Belastungsbereich von 50-60% Hfmax (Hottenrott, 2006) die Regeneration.

Die Entwicklung bzw. Stabilisierung des GA1-Bereichs wurde angestrebt, um für alle anderen Sportarten die die Testperson betreibt eine solide Grundlage zu schaffen. Ebenso für das nun beginnende Ausdauertraining. Hier befindet sich der Muskel an der aeroben Schwelle mit einem Laktatwert von ungefähr 2-3 mmol/l. Die Intensitäten liegen zwischen 60-75% Hfmax (Hottenrott, 1997, 2006).

Um nun in den anaeroben Bereich zu wechseln, sprich die Arbeitsweise in einer Sauerstoffschuld mit Laktatanhäufung, muss die Intensität erhöht werden. Dies geschieht in der GA2 mit der variablen und intensiven Dauermethode, sowie der extensiven Intervallmehtode. Diese ist besonders hilfreich beim Krafttraining, da der Körper auch hier nach ein paar Wiederholungen in einen anaeroben Bereich gerät. Durch das GA2 Training, steigen die anaerobe Schwelle und die Laktattoleranz, was dazu führt, dass die Sportlerin mehr Wiederholungen ausführen und den Muskel somit besser trainieren kann. Der Sauerstofftransport wird durch dieses Training verbessert und somit die Leistungsfähigkeit des Sportlers. Die Intensitäten liegen hier zwischen 75-90% Hfmax (Hottenrott, 1997).

3.3.5 Begründung der ausgewählten Ausdauergeräte bzw. Bewegungsformen

Das Radergometer ist für die Testperson auch mit höheren Intensitäten bestens geeignet, da eine Fehlbelastung ihrer orthopädischen Problembereiche (Skoliose, Kniegelenksschmerzen) gering ist. Zudem hat sie Spaß am Radfahren.

Das Laufband hingegen ist nur bei niedrigen Belastungen zu wählen, da keine zu große Stoßbelastung auf die Knie ausgeübt werden darf, um Schmerzen in diesem Bereich zu vermeiden. Dementsprechend wird dieses Ergometer nur im REKOM-Training verwendet. Aufgrund ihres Alters und der bereits gemachten Lauferfahrung, sind Koordinationsprobleme auch sehr unwahrscheinlich.

Das Ruderergometer verfügt über die Eigenschaft das cardiopulmonale System gut auszulasten, da mehrere Muskelgruppen angesprochen werden. Die Technik ist anspruchsvoll, jedoch wird der Probandin in ihrem Alter zugetraut sich mit ein wenig Übung mit der Maschine zurechtzufinden. Die Technik sollte jedoch sehr sauber sein, damit keine orthopädischen Fehlbelastungen entstehen.

4 Literaturrecherche

Tab. 7: Studien zum Thema Ausdauertraining bei arterieller Hypertrophie

	Studie 1	Studie 2
Name	Venturelli M., Cè E., Limonta E., Schena F., Caimi B., Carugo S., Veicsteinas A., Esposito F.	Mohr M., Nordsborg N. B., Lindenskov A., Steinholm H., Nielsen H. P., Mortensen J., Weihe P., Krustrup P.
Jahr	2015	2014
Versuchspersonen	40 ältere Teilnehmer mit Hypertonie Stufe I	62 Frauen mit leichter Hypertonie
Versuchsaufbau	Die Teilnehmer der Studie haben zwölf Wochen lang Ausdauertraining, Zirkeltraining oder Entspannungstraining gemacht. Vorher und nachher wurde der Blutdruck der Testpersonen gemessen.	Die Teilnehmerinnen haben in einem Zeitraum von 15 Wochen ein hochintensives Schwimmtraining betrieben. Das Training dauerte eine Stunde und innerhalb der 15 Wochen wurden 42 bis 45 Trainings absolviert.
Ergebnisse & Schlussfolgerungen	Der Blutdruck sank in allen Gruppen um ungefähr 11%. Also kann gesagt werden, dass Ausdauertraining eine gute Methode zur Verringerung der kardiovaskulären Risikofaktoren darstellt. Dadurch konnte	Der systolische Blutdruck der Teilnehmerinnen nahm um 5-7 mmHg ab und der Ruhepuls um ungefähr 5 S/min. Daraus kann geschlossen werden, dass HIT

	die Lebensqualität, laut Studie, um 36% gesteigert werden.	beim Schwimmen die kardiovaskuläre Gesundheit und körperliche Leistungsfähigkeit steigert.

Studie 1: https://www.ncbi.nlm.nih.gov/pubmed/26381921

Studie 2: https://www.ncbi.nlm.nih.gov/pubmed/24812628

5 Literaturverzeichnis

American College of Sports and Medicine. (1998b). The recommended quantity and qual
ity of exercise for developing and maintaining cardiorespiratory and muscular fit-
ness, and flexibility in healthy adults. *Medicine and science in sports and exercise,*
30 (6), 975-991.

American College of Sports and Medicine. (2006a). *ACSM's Guidelines for Exercise
Testing and Percription. ACSM's Guidelines for Exercise Training and Prescrip-
tion* (7. Aufl.). Philadelphia; Williams & Wilkins.

Deutsche Gesellschaft für Ernährung (DGE) e.V. (Hg.). (1992). *Ernährungsbericht 1992.*
Frankfurt/ Main: Dt. Ges. f. Ernährung e.V., brosch.

Eifler, C. & Kettenis, L. (2017). *Studienbrief Trainingslehre II (rev.18.025.000).* Saarbrücken: Deutsche Hochschule für Prävention und Gesundheit.

Hottenrott, K. (1997). *Ausdauertraining. Intelligent effektiv erfolgreich* (4. Aufl.). Lüne-
burg: Wehdemeier & Pusch.

Hottenrott, K. (2006). *Trainingskontrolle mit Herzfrequenz-Messgeräten* (1. Aufl.)
Aachen: Meyer & Meyer.

IPN. (2004). *IPN-Test® - Ausdauertest für den Fitness- und Gesundheitssport.* Köln:
IPN.

Kindermann, W. (1987a). Ergometrie-Empfehlung für die ärztliche Praxis. *Deutsche
Zeitschrift für Sportmedizin,* 38 (6), 244-268.

Mohr M., Nordsborg N. B., Lindenskov A., Steinholm H., Nielsen H. P., Mortensen
J., Weihe P., Krustrup P. (2014). *High-intensity intermittent swimming im-
proves cardiovascular health status for women with mild hypertension.* In: Internetseite: Pubmed. 10.04.2014. URL: https://www.ncbi.nlm.nih.gov/pub-
med/24812628, Abruf: 16.06.2018.

Rost, R. & Appell, H.-J. (2001*). Lehrbuch der Sportmedizin.* Köln: Deutscher Ärzte-Ver-
lag.

Schwarz, M., Schwarz, L., Urhausen, A. & Kindermann, W. (2002). Walking. *Deutsche
Zeitschrift für Sportmedizin,* 53 (10), 292-293.

Trunz, E. (2001). *IPN-Test® - Ausdauertest für den Fitness- und Gesundheitssport.* Köln,
Institut für Prävention und Nachsorge. Köln.

Venturelli M., Cè E., Limonta E., Schena F., Caimi B., Carugo S., Veicsteinas A., Espo-
sito F. (2015). *Effects of endurance, circuit, and relaxing training on cardiovascular risk factors in hypertensive elderly patients.* In: Internetseite: Pub-

med. 17.09.2015. URL: https://www.ncbi.nlm.nih.gov/pubmed/26381921, Abruf: 16.06.2018.

Weineck, J. (2003*). Ausdauertraining. Trainingssteuerung über die Herzfrequenz- und Milchsäurebestimmung.* Balingen: Spitta.

Zintl, F. & Eisenhut, A. (2001). Ausdauertraining. Grundlagen Methoden Trainingssteuerung (5. überarb. Aufl.). München: BLV.

6 Abbildungs- und Tabellenverzeichnis

6.1 Abbildungsverzeichnis

6.2 Tabellenverzeichnis

BEI GRIN MACHT SICH IHR WISSEN BEZAHLT

- Wir veröffentlichen Ihre Hausarbeit,
  Bachelor- und Masterarbeit

- Ihr eigenes eBook und Buch -
  weltweit in allen wichtigen Shops

- Verdienen Sie an jedem Verkauf

Jetzt bei www.GRIN.com hochladen
und kostenlos publizieren